ຂ້ອຍກໍ່ສາມາດເປັນນັກກໍ່ສ້າງໄດ້

ໂດຍ: ເຄວາ ແຄຣີ່

ຮູບໂດຍ: ໂຣມູໂລ ເຣ III

Library For All Ltd.

ອົງການ Library For All ແມ່ນອົງການທີ່ບໍ່ຫວັງຜົນກຳໄລ ທີ່ມີພັນທະກິດທີ່ຈະເຮັດໃຫ້ທຸກຄົນ
ສາມາດເຂົ້າເຖິງແຫຼ່ງຄວາມຮູ້ ຜ່ານບະອັດຕະກຳຫ້ອງສະໝຸດດີຈິຕອນ.
ເຂົ້າເບິ່ງລາຍລະອຽດເພີ່ມເຕີມທີ່: libraryforall.org

ປຶ້ມພາສາລາວເຫຼັ້ມນີ້ ຖຶກສະໜັບສະໜູນໂດຍການຮ່ວມມືຂອງ

ຮູບແຕ້ມຕົ້ນສະບັບໂດຍ ໂຣມູໂລ ເຣ III

ຂ້ອຍກໍ່ສາມາດເປັນນັກກໍ່ສ້າງໆໄດ້
ເຄອາ ແຄຣ໌
ISBN: 978-9932-09-103-4
SKU00918

ຂ້ອຍກໍ່ສາມາດເປັນນັກກໍ່ສ້າງໄດ້

ຄົນເຖົ່ານີ້ແມ່ນນັກກຳ ສ້າງ.

ພວກເຂົາເຮັດວຽກຢູ່ໃນ
ສະໜາມກໍ່ສ້າງ.

ນົກກໍ່ສ້າງ ສ້າງໄດ້ຫຼາຍຢ່າງເຊັ່ນ:
ເຮືອນ ແລະ ຕຶກອາຄານ.

ນັກກໍ່ສ້າງງນຳໆໃຊ້ອຸປະກອນເຄື່ອງ
ມືຫຼາຍຢ່າງຄູ່ກັບໄມ້, ເຫຼັກ ແລະ
ຄອນກຣີດ.

ພວກເຂົາສາມາດແປງເຄື່ອງເພໃນເຮືອນ,
ໂຮງຮຽນຫຼືທ້ອງການ.

ມີບັກກ່ຳສ້າງພິເສດທີ່ສ້າງໂຮງຮຽນ,
ສະພານ ແລະ ຕຶກອາຄານສູງ.

ມີນກກໍສ້າງຢູ່ທົ່ວໂລກ.

ຂ້ອຍກໍ່ສາມາດຮຽນຮູ້ອາຊິບມັກ
ກໍ່ສ້າງຢູ່ທີ່ ມະຫາວິທະຍາໄລ.

ແລ້ວຂ້ອຍກໍ່ຈະສາມາດສ້າງ
ເຮືອນ ແລະ ອາຄານ ໃນຊຸມຊົນ
ຂອງຂ້ອຍ.

ຂໍ້ມູນທາງບັນນາບຸກົມຂອງຫໍສະໝຸດແຫ່ງຊາດ

ເຄວາ ແຄຣ໌
    ຂ້ອຍກໍ່ສາມາດເປັນນັກກໍ່ສ້າງໄດ້ 2 / ໂດຍ ເຄວາ ແຄຣ໌. -- ຄັ້ງທີ2. --
ວຽງຈັນ : ມັກອານ, 2020
    30 ໜ້າ : ພາບປະກອບສີ ; 21 ຊມ
    1. ວິສະວະກອນ
    2. ວັນນະກໍາສໍາລັບເດັກ
    I. ຊື່ເລື່ອງ
621.092 -- dc21
    ISBN 978-9932-09-103-4

ເຈົ້າສາມາດໃຊ້ຄຳຖາມດັ່ງລຸ່ມນີ້ເພື່ອ ສືບທະບາກ່ຽວກັບເລື່ອງທີ່ອ່ານກັບ ຄອບຄົວ, ໝູ່ ແລະ ຄູອາຈານ.

ເຈົ້າໄດ້ຮຽນຮູ້ຫຍັງຈາກເລື່ອງນີ້?

ຈົ່ງອະທິບາຍເລື່ອງນີ້ ໂດຍໃຊ້ຄຳບັບຍາຍ
1ຄຳ. ຕະຫຼົກ? ຢ້ານ? ມີສິສັນ? ໜ້າສົນໃຈ?

ເມື່ອອ່ານຈົບແລ້ວ,
ເລື່ອງນີ້ໃຫ້ຄວາມຮູ້ສຶກຫຍັງແດ່?

ໃນເລື່ອງນີ້, ເຈົ້າມັກສິ່ງໃດຫຼາຍທີ່ສຸດ?

ກ່ຽວກັບຜູ້ປະກອບສ່ວນ

Library For All ເຮັດວຽກຮ່ວມມືກັບນັກຂຽນ ແລະ ນັກແຕ້ມ ທົ່ວ ໂລກເພື່ອສ້າງເລື່ອງທີ່ຫຼາກຫຼາຍ, ມີຄຸນນະພາບສູງໃຫ້ກັບຜູ້ ອ່ານໂຕນ້ອຍ. ທຸກຄົນສາມາດເຂົ້າໄປ ເວັບໄຊ libraryforall.org ເພື່ອຮູ້ຂ່າວຫຼ້າສຸດ ກ່ຽວກັບກິດຈະກຳຝຶກອົບຮົມນັກຂຽນ, ຄູ່ມືຕ່າງໆ ແລະ ໂອກາດສ້າງສັນອື່ນໆ.

ປຶ້ມທ່ືອບຶ້ມ່ອບບ່?

ພວກເຮົາມີປຶ້ມຫຼາຍຮ້ອຍທ່ືອໃຫ້ເລືອກອ່ານ.

ພວກເຮົາຮ່ວມມືກັບນັກຂຽນ, ຜູ້ຊຳນານດ້ານການສຶກສາ,
ທ່ີປຶກສາທາງດ້ານວັດທະນະທຳ, ລັດຖະບານ ແລະ
ອົງກອນທ່ີບໍ່ຂຶ້ນກັບລັດຖະບານ ເພື່ອນຳຄວາມເພີດເພີນ ໃນການ
ອ່ານໃຫ້ກັບເດັກນ້ອຍທ່ືອທຸກແຫ່ງ.

ຮູ້ບໍ່?

ພວກເຮົາສ້າງການປ່ຽນແປງທ່ີດີໃນຊົງເຂດນີ້ ໂດຍປະຕິບັດ ເປົ້າໝາຍ
ການພັດທະນາແບບຍືນຍົງຂອງສະຫະປະຊາຊາດ.

libraryforall.org